ASILE DÉPARTEMENTAL D'ALIÉNÉS DE SAINT-DIZIER

COMPTE

moral, administratif et médical,

Pour l'année 1857,

RENDU PAR M. A. GUÉRIN ᴅᴜ GRANDLAUNAY, DIRECTEUR-MÉDECIN.

SAINT-DIZIER

O. SAUPIQUE, IMPRIMEUR ET LITHOGRAPHE.

—

1858

ASILE DÉPARTEMENTAL D'ALIÉNÉS

DE SAINT-DIZIER (HAUTE-MARNE)

COMPTE

MORAL, ADMINISTRATIF ET MÉDICAL

POUR L'ANNÉE 1857,

Rendu par M. le Docteur A. GUÉRIN DU GRANDLAUNAY, *Directeur-Médecin.*

Saint-Dizier, le 15 mai 1858.

MONSIEUR LE PRÉFET,

Conformément à l'article 14 de notre Réglement du service intérieur, approuvé par Son Excellence le Ministre de l'Intérieur,

J'ai l'honneur de vous adresser mon Compte moral, administratif et médical pour l'année 1857.

Ainsi que je l'ai fait précédemment, je diviserai mon travail en deux parties principales, savoir :

Première partie, le Compte administratif comprenant :

1° Le Compte financier;

2° Les faits accomplis dans l'année 1857;

3° Les Besoins actuels de l'Asile.

Deuxième partie, Compte moral et médical.

PREMIÈRE PARTIE.

COMPTE FINANCIER.

J'ai l'honneur, Monsieur le Préfet, de mettre sous vos yeux l'état de la situation financière de l'Asile au 15 Mai 1858. Cet état vous démontrera que nos finances sont en voie de prospérité, et si nous ne rencontrons pas d'obstacles imprévus, nous avons l'espoir, dans quelques années, d'être en mesure de vous proposer une réduction du prix de journée des aliénés aux frais du département; mais quant à présent, il serait dommageable pour l'Asile de diminuer ses ressources pécunières : nous en avons besoin pour des travaux d'agrandissement, d'acquisition de terrains dont vous avez déjà reconnu l'utilité.

Le reliquat définitif au 31 Mars 1858, sur tous les exercices antérieurs, s'élève au chiffre de 52,597 francs 93 cent., reporté au budget supplémentaire de 1858.

C'est une augmentation de 11,465 fr. 16 c. sur le compte de 1856.

Ce résultat est dû : au plus grand nombre de journées de présence ; au produit plus élevé du travail des aliénés ; à ce que, pendant l'année 1857, aucune dépense extraordinaire n'a été effectuée ; à ce que les dépenses générales ont été, proportionnellement aux recettes, un peu moins élevées que dans les années passées; des bonis ont été réalisés sur les articles 4, 7, 9, 10, 13, 14, 15, 16, 17, 18. 19, 20, 21, 22, 23 24, 25 et 26 du budget des dépenses de 1857.

A ce jour, 15 Mai 1858, la situation financière de l'Asile s'établit ainsi :

Fonds en caisse	1,308 fr.	93 c.
— placés au Trésor.	55,476	75
— avancés à l'Econome; pour quittances timbrées et pour frais de voyage d'aliénés.	298	55
	57,084 fr.	23 c.
A déduire, le montant des fonds en dépôt	6,809	21
	50,275 fr.	02 c.
Sommes dues à l'Asile :		
Reports de l'Exercice clos. . . . 5,395 fr. 40 c.	26,698 fr.	84 c.
Premier Trimestre 1858 . . . . 21,303 74		
	76,973 fr.	83 c.
Sommes dues par l'Asile.	»» »»»	»»
Montant des fonds recouvrés et à recouvrer.	76,973 fr.	83 c.

Ce qui reste dû sur le 1er Trimestre 1858 sera incessamment recouvré. C'est seulement le paiement de ce qui reste dû sur l'Exercice clos qui pourra éprouver du retard et cette somme n'est que de 5,395 fr. 10. Il n'y a donc nulle exagération à admettre que l'Asile est à la veille de se trouver possesseur d'une somme de 70,000 fr. environ.

Prix de revient de la Journée.

La dépense générale, pendant l'année 1857, a été de . . 142,179 fr. 65 c.
Déduisant le montant du travail des aliénés. 14,482 40

Il reste, pour dépense en argent . . . . 127,697 fr. 25 c.

Le nombre de journées de présence étant de 117,525, il en résulte que le prix de revient est de 1 fr. 086 pour chaque aliéné et par jour, pendant l'année 1857.

Vous savez, Monsieur le Préfet, que les prix de journées payés à l'Asile de Saint-Dizier, sont ainsi fixés :

Haute-Marne. . . . . . 1 fr. » »
Aube . . . . . , . . 1 10
Seine 1 20

FAITS ACCOMPLIS DANS L'ANNÉE 1857.

Nomination d'un nouvel Econome.

Par votre arrêté, en date du 16 octobre 1857, M. Fournier (Paul-Auguste) a été nommé Econome de l'Asile d'aliénés de Saint-Dizier, en remplacement de M. Voisin, démissionnaire.

M. Fournier est entré en fonctions le 1er janvier 1858.

Nomination du Pharmacien.

Par un autre arrêté préfectoral, en date du 3 décembre 1857, M. Lefèvre, pharmacien à Saint-Dizier, a été continué dans ses fonctions de Pharmacien de l'Asile pour l'année 1858.

Création d'un emploi de Commis aux écritures.

Les travaux de la Direction et de l'Economat se multipliant de jour en jour, l'économe ne pouvait suffire aux besoins du service : vous m'avez autorisé, Monsieur le Préfet, à nous adjoindre un employé aux écritures, et vous avez alloué pour son traitement une somme de 600 fr. M. Dubois (Jean-Nicolas) a été nommé commis aux écritures par mon arrêté du 27 décembre 1857.

Changement de position de M. l'Aumonier.

M. Carbillet, aumonier de l'Asile, recevait un traitement de 600 fr. et 150 fr. pour l'acquisition de son vin ; il était, en outre, logé, nourri, chauffé et éclairé. Cet état de choses présentait des inconvénients et n'était plus en harmonie avec le nouveau réglement. Sur ma proposition, approuvée par la Commission de surveillance, vous avez fixé le traitement annuel de l'Aumonier à la somme de 1,500 fr.

Moyennant cette allocation, M. l'Aumonier a cessé, au premier janvier 1858, d'être nourri aux frais de l'Établissement; mais il conserve son logement, son chauffage et son éclairage. Il lui a été accordé de plus une chambre pour sa domestique.

Réglement du service intérieur de l'Asile.

Conformément aux ordres de Son Excellence le Ministre de l'Intérieur, et prenant pour base et pour modèle de mon travail le réglement officiel envoyé par M. le Ministre, j'ai rédigé un projet de réglement particulier à l'Asile de Saint-Dizier. Ce réglement approuvé par la Commission de surveillance, le 4 décembre dernier, et vu par vous, Monsieur le Préfet, le 2 mars de cette année, a reçu aussi le 12 mars, l'approbation de Son Excellence le Ministre de l'Intérieur. Le nouveau réglement a été aussitôt mis à exécution.

Instructions pour les infirmiers et les infirmières de l'Asile.

En sus des dispositions du Réglement du service intérieur concernant les infirmiers et les infirmières, j'ai soumis à la Commission de surveillance des instructions spéciales pour notre personnel d'infirmiers; elles ont été approuvées par vous, le 9 décembre 1857.

Uniforme des infirmiers et des infirmières.

L'article 119 du réglement rendant obligatoire l'uniforme pour les infirmiers et les infirmières, vous avez bien voulu aussi approuver mon arrêté déterminant le genre des uniformes, et dès le 1er janvier, tout le personnel de nos infirmiers était habillé dans leur nouveau costume.

Pharmacie.

Une petite Pharmacie devant servir de dépôt aux médicaments les plus usuels a été construite sous la galerie, dans une pièce attenant au bureau de l'Econome. L'ancienne pharmacie avait été détruite depuis longtemps.

Dortoirs des pensionnaires.

Le nombre des aliénés aux frais des familles allant en augmentant, deux pièces ont été appropriées pour leur logement, l'une dans le quartier des hommes, l'autre dans le quartier des femmes. Ces dortoirs, meublés convenablement, peuvent recevoir une vingtaine de pensionnaires.

Réfectoire pour les pensionnaires.

Les années précédentes, les pensionnaires prenaient leurs repas dans les réfectoires communs aux autres aliénés. Cette réunion de toutes les classes avait été, à juste titre, l'objet de réclamations de la part des familles. Maintenant les pensionnaires ont un réfectoire entièrement séparé. Ils ont, de plus, un chauffoir particulier.

Nouvel éclairage des dortoirs.

Les dortoirs étaient éclairés par des veilleuses placées dans des verres, et mises à la portée des aliénés. Cette disposition donnait des craintes pour le feu ; j'ai substitué à ce mode d'aiclairage des lampes marines suspendues au milieu des dortoirs.

Reconstruction du Four.

Le four tombait en ruine ; il a été de toute nécessité de le reconstruire.

Chemin concédé à M. Rozet.

Des experts, l'un désigné par vous, Monsieur le Préfet, l'autre par M. Rozet, ont procédé au tracé du chemin concédé à ce dernier. Un procès-verbal fait par les deux experts a constaté la fixation du tracé, et des bornes ont été placées.

Ainsi, contrairement aux dispositions de l'art. 22 de l'Ordonnance royale du 18 décembre 1839, mais par suite d'une transaction si préjudiciable aux intérêts de l'Asile, un passage au milieu de la propriété sera livré aux étrangers et sera commun aux aliénés ; ils seront de la sorte incommodés par un voisinage bruyant, par des rapports inévitables avec des personnes du dehors. Que de causes d'agitation pour ces malheureux dont l'isolement est une des conditions d'un traitement bien entendu. Cette servitude de passage concédée à M. Rozet est tellement en opposition avec la législation sur les aliénés, que si un médecin demandait à créer un Établissement d'aliénés placé dans les mêmes conditions où se trouvera l'Asile de Saint-Dizier après la confection du chemin projeté, sans aucun doute, selon moi, l'autorité rejeterait la demande de ce médecin.

La confection du chemin et la construction d'un mur pour en former la clôture du côté du jardin constitueront l'Asile en de grandes dépenses, en pure perte pour l'Établissement et à son détriment. Une expropriation pour cause d'utilité publique peut seule remédier au mal qui nous menace, et si elle ne peut avoir lieu, nous nous mettrons à l'œuvre aussitôt que le droit de propriété des arbres plantés sur le chemin projeté et qui sont actuellement en litige sera définitivement réglé. J'attendrai vos ordres, Monsieur le Préfet, et je m'empresserai de m'y conformer. Toutefois je ne puis le dissimuler, lorsque nous prenons tous nos soins pour faire prospérer un établissement, objet de toute notre sollicitude, il nous est bien pénible de voir nos bonnes intentions entravées par une mesure qui compromet si évidemment l'avenir de l'Asile d'aliénés de Saint-Dizier.

Fille de basse-cour.

Sous mes prédécesseurs, le garçon d'écurie était non seulement chargé des charrois et du soin du cheval, mais encore de celui des vaches, des porcs, etc. ; il ne pouvait suffire à des occupations trop multipliées. Ce service laissait beaucoup à désirer. — J'ai attaché spécialement à la basse-cour une gardienne, et depuis, nos bestiaux mieux soignés ont beaucoup gagné en qualité.

Vigneron.

Les vignes de l'Asile étaient cultivées à grands frais et avec beaucoup de négligence par des journaliers. Un de nos infirmiers, excellent vigneron, moyennant une légère augmentation de traitement, s'est chargé de cette culture : il est aidé par des aliénés placés sous sa surveillance. — Maintenant nos vignes sont remarquablement bien faites et avec une notable économie d'argent.

C'est ainsi qu'en assignant à chaque employé de l'Asile une fonction spéciale, le service se fait avec plus d'ordre et de régularité.

BESOINS ACTUELS DE L'ÉTABLISSEMENT.

Travail des Aliénés. — Nécessité de l'acquisition de terrains pour les occuper.

Je ne répéterai pas aujourd'hui, M. le Préfet, tout ce que j'ai dit dans mon rapport de l'année dernière sur l'excellence du travail comme moyen de traitement de l'aliénation; il n'est personne qui n'en reconnaisse l'utilité. Chez l'aliéné susceptible de recouvrer la raison, le travail hâte et détermine cet heureux résultat du traitement ; chez l'aliéné incurable et même agité, il le calme et entretient sa santé.

Procurer le sommeil à un aliéné en fatiguant ses muscles, diriger son esprit délirant et livré à des idées chimériques sur une réalité, l'obliger en quelque sorte à réfléchir, à combiner le travail qui lui est confié, n'est-ce pas obtenir de lui un retour momentané à la raison ? retour momentané qui ne tarde pas à devenir permanent, si le malade vient à prendre goût à un travail d'abord imposé ; il n'est pas rare de voir des aliénés parler sensément pendant qu'ils sont occupés, et délirer ensuite lorsqu'ils sont en repos. Le travail des champs est mis en première ligne. A l'Asile de Saint-Dizier, le terrain nous manque; nos beaux et grands jardins sont loin d'être suffisants pour occuper les bras de nos nombreux travailleurs.

Jusqu'à présent, lorsque les travaux dans l'intérieur de la maison faisaient défaut, nos aliénés étaient employés au dehors de la maison, soit pour les établissements publics, soit pour quelques particuliers. Mais aujourd'hui que le règlement sur les asiles défend de louer leurs bras à des tiers pour des travaux quelconques, il devient plus que jamais indispensable d'acquérir de nouveaux terrains, et, dans ma pensée, toute autre amélioration de l'Asile doit céder devant la nécessité d'acquisition.

Que d'avantages résulteraient par exemple de l'exploitation d'une ferme par les aliénés ! Travail pour ces malheureux dont l'oisiveté détruit la santé et affaiblit le moral; produits divers provenant de terrains bien cultivés, et pour résultat, la guérison de nos malades et l'augmentation de nos finances.

Le nombre des journées de travail effectuées par nos aliénés s'est élevé en 1857, à 29,072, savoir :

Journées d'Hommes.	14.042
Journées de Femmes	15.030
Total égal.	29,072

Ce nombre de journées aurait été bien plus considérable si de plus grands éléments de travail eussent été mis à notre disposition. J'insiste donc fortement, Monsieur le Préfet, sur l'acquisition d'une ferme ou de terrains assez étendus pour suffire à nos besoins. L'état prospère de nos finances nous en donne la faculté.

Pensionnat.

Les demandes qui me sont souvent adressées pour le placement des aliénés aux frais des familles, me font de plus en plus reconnaître l'importance de l'institution d'un Pensionnat; après l'acquisition d'une ferme ou de terrains, je regarde sa construction comme le besoin le plus urgent et le plus utile pour assurer la prospérité de l'Établissement.

Quartiers d'épileptiques.

Le mélange des épileptiques avec les autres aliénés, présente toujours de graves inconvénients. La séquestration des premiers dans un quartier spécial lorsqu'elle pourra avoir lieu, sera une notable amélioration.

Logement de l'Econome. — Magasins pour l'Economat.

Lorsque les Inspecteurs généraux viennent inspecter l'Asile, ils ont toujours soin de s'informer si l'Écono me est logé dans l'Établissement et regardent comme une nécessité la résidence de ce fonctionnaire. Ils remarquent aussi l'insuffisance et la situation vicieuse des magasins, et expriment le désir de voir régulariser enfin cette partie si importante du service. Je ne puis m'empêcher de partager leur avis. L'exhaussement de la façade située sur le chemin donnerait toute facilité pour approprier un logement à l'Économe et pour établir les magasins qui nous manquent

Murs de clôture longeant la rue des Tanneurs.

La reconstruction du mur longeant la rue des Tanneurs, conformément au devis rédigé par l'architecte du Département et approuvé par

vous n'a pas été faite, les travaux n'ayant pas encore été mis en adju-
dication.

Changement de la Boulangerie.

Je ne ferai que répéter ici ce que j'ai dit dans mon rapport de l'année
dernière, sur la nécessité de transférer la boulangerie dans le jardin, du
côté de l'empellement de M. Rozet. Le voisinage de la boulangerie actu-
elle auprès du quartier des idiots sera toujours un danger en cas d'incendie.

Latrines.

Les latrines, toutes placées dans l'intérieur des services, sont des
foyers permanents d'infection. La salubrité de l'établissement exige leur
changement. D'accord avec M. l'architecte du département, nous avons
le projet de placer dans les différents préaux des fosses d'aisance inodores
qui nous permettront, en outre, de conserver les matières pour faire
des engrais.

Réparations locatives.

Depuis longtemps, Monsieur le Préfet, les réparations n'ont pas été
faites dans les bâtiments de l'Asile. De concert avec M. l'architecte, nous
devons nous occuper de dresser un état de ces réparations qui sera soumis à votre approbation.

DEUXIÈME PARTIE.
COMPTE MORAL ET MÉDICAL POUR L'ANNÉE 1857.

Rapport sur les fonctionnaires et employés de l'Asile.

Je n'ai, en général, qu'à me louer des fonctionnaires et employés
de l'Asile.

Commission de Surveillance.

Les Membres de la Commission de surveillance, toujours remplis de
dévouement, me prêtent un concours qui facilite beaucoup la marche
de notre administration. Je ne puis trop faire l'éloge de mes honorables
collaborateurs.

Aumônier.

M. l'Aumônier de l'Asile, homme prudent et instruit, comprend par-
faitement la mission qui lui est confiée. Il sait qu'il serait aussi impru-
dent d'exciter aux pratiques sévères d'une piété mal comprise un aliéné
déjà affecté de manie religieuse, que d'obliger un autre peu croyant ou
attaché à un culte étranger à remplir rigoureusement les devoirs de
chrétien.

Conformément au réglement, il s'entend avec le Directeur pour les
différents exercices religieux à faire pratiquer aux aliénés.

Receveur.

M. Dehault, Receveur de l'Asile, continue d'exercer ses fonctions avec zèle et intelligence. Il se conforme scrupuleusement aux règles de la comptabilité qui le concernent.

Econome.

M. Fournier, économe récemment nommé, s'acquitte de son emploi avec un zèle remarquable; son assiduité au travail, son aptitude, sont des garanties pour l'avenir de l'Asile, et déjà la tenue de l'économat qui laissait beaucoup à désirer les années précédentes a été sensiblement améliorée depuis l'entrée en fonctions du nouvel économe.

Employé aux écritures.

Jusqu'à l'année 1857, l'Économe s'occupait seul du travail du bureau et des écritures de la Direction; il ne pouvait suffire à de trop nombreuses occupations. Vous avez bien voulu, Monsieur le Prefet, créer un emploi de Commis à l'économat et à la direction. J'ai lieu de me féliciter d'avoir nommé à cette place M. Dubois; il mérite, par son exactitude à remplir ses devoirs, la confiance que je lui ai accordée.

Religieuses.

Assurément je me plais à rendre justice aux religieuses de la Communauté de Saint-Vincent-de-Paul de Besançon, qui desservent notre établissement; elles font ce qu'elles peuvent pour remplir convenablement les diverses attributions qui sont de leur ressort. Toutefois, je regrette que leur zèle ne soit pas éclairé par un peu plus d'instruction. Ce défaut d'éducation, chez la plupart de ces Dames, leur enlève le prestige qu'autrement elles pourraient exercer sur les aliénées et sur les gardiennes dont elles ne sont distinguées que par leur costume religieux, ce qui ne suffit pas toujours pour dominer les unes et les autres et éviter des familiarités qui nuisent à l'autorité qu'elles doivent prendre à l'égard de leurs subordonnées.

Un aliéné qui a reçu de l'éducation aimera, dans ses moments lucides, à s'entretenir avec ceux qui sont chargés de lui donner des soins et des conseils. Si les personnes qui l'approchent ne peuvent soutenir avec avantage la conversation, elles perdront leur influence morale sur des malades auxquels elles devraient en imposer.

Si, au contraire, l'aliéné est illétré, il vénérera encore mieux ceux dont il est obligé de reconnaitre la supériorité et le savoir, et leur obéira plus aisément. Par ces raisons que l'on comprendra facilement, il serait donc plus avantageux d'avoir auprès des aliénés un ordre religieux pourvu d'instruction et capable d'aider l'action médicale.

Je termine cet article sur nos religieuses, en observant que plusieurs d'entre elles ont atteint l'âge et le temps de la retraite et que, conformément au réglement , elles auront des droits à être maintenues dans l'Asile à titre de reposantes, à moins qu'il ne leur soit accordé un traitement de retraite dans leur Maison mère. Dans tous les cas, l'Asile aura sous peu à supporter un surcroît de dépense pour les religieuses hors de service.

Chirurgien. — Elève interne.

L'un et l'autre me secondent dans le service médical de la manière la plus satisfaisante.

Surveillant en chef. — Infirmiers et Infirmières.

M. le chef-surveillant remplit avec un grand zèle les fonctions souvent assez difficiles dont il est chargé ; nous lui devons, en grande partie, l'ordre qui règne dans le service des hommes.

Les infirmiers et les infirmières sont, en général, attachés à leurs devoirs, et j'ai eu, dans l'année 1857, peu de changements à faire dans mon personnel d'infirmiers.

FONCTIONNAIRES ET EMPLOYÉS DE L'ASILE.

Direction, Administration, Service médical.

MM. DU GRANDLAUNAY, directeur-médecin, logé, chauffé et éclairé,   fr.   3,500
CARBILLET, aumônier, nourri, logé, chauffé et éclairé, , ... 600
DEHAULT, receveur, non logé. 2,000
VOISIN, économe, démissionnaire du 20 août, mais resté en fonctions jusqu'au 31 décembre, remplacé par M. FOURNIER 1,700
CATEL père, chirurgien, non logé 400
LECOQ, interne, nourri , logé, chauffé et éclairé. 600

Commission de Surveillance.

MM. MAHUET aîné, Président.
GAYOT.
SIMONET, sorti par ancienneté au 31 déc. 1857, continué dans ses fonctions.
VIDRINE.
PAYART.

Sœurs.

Mmes SORDELET, sœur Marie-Céleste, supérieure, sortie le 15 juillet, remplacée par
PAHIN, sœur Zoé. passée supérieure.
Il est alloué aux sœurs, outre la nourriture, le logement, le chauffage et l'éclairage, une somme de. 1,650
GARAUX, sœur Hilarie.
JEUGE, sœur Placide.
VIENNEY, sœur Césarie.
RAULIN, sœur Alexandrine.
BERNOT, sœur Bénédictine.
GUERET, sœur Marie-Alix.
JOLÝ, sœur Emilienne.
MUNIER, sœur Sébastien, sortie le 15 juillet.

Mmes LAB, sœur Léger, sortie le 15 juillet.
MONGEOT, sœur Marie-Antide, entrée le 22 juillet.
MONNERET, sœur Marie-Augustin, entrée le 22 juillet.
MARTENAT, sœur Marie-Emmanuel, entrée le 22 juillet.

Préposés.

MM. JACQUIN, surveillant, nourri, logé, chauffé et éclairé . . . . . . fr. 500
LEGRAND, concierge , logé, chauffé et éclairé 600
CROVILLE, boulanger, nourri, logé, chauffé et éclairé. 300
LESEUR, menuisier . . . . . . id. 300
VIARD, chef jardinier . . . . . id. 300
BARBIER. vigneron, nourri seulement 300

Servants.

MM. BRISSON Etienne, sorti le 22 janvier 1857, soldé sur le pied de. . . fr. 200
BONNIEC Pierre, sorti le 4 juillet 1857 250
BAUER Jean, sorti le 20 mai 1857. 150
FAIVRE Jean-Claude-Zéphirin, sorti le 15 mars 1857 150
DESCLUSEAUX Claude, sorti le 19 octobre 1857 250
ROGER Louis 180
KIRCHEN Pierre, entré le 12 mars, sorti le 31 décembre 1857. 200
FAIVRE Ferdinand, entré le 26 mars 1857. 200
DUCRUET Pierre, entré le 12 juin 1857. 200
GÉRARD François, entré le 6 juillet sorti le 31 décembre 1857. 250
SERBON Paul, entré le 16 juillet 1857. 200
ROUSSEL Alfred, entré le 28 juillet 1857 200
BLANCHOT Etienne-Alphonse, entré le 5 novembre 1857 200
FÉDÉLÉ Nicolas, entré le 5 novembre 1857 200
BOURDAIS Michel. 250
GARNIER Honoré, sorti le 13 juillet. 180

Servantes.

Mmes JACQUIN Catherine, soldée sur le pied de. . . . . fr. 150
RAGONET Rosalie, sortie le 16 février 1857 150
AUBERT Célina. 150
RUFFING Marie, sortie le 23 septembre 150
BARACHIN Louise. 150
AUBERT Joséphine 150
PHILIPPE Catherine 150
BÆUER Catherine. 150
CRAPELET Justine 150
AUBERT Philomène, sortie et rentrée 150
BAUER Marie 150
RACLOT Marie, entrée le 4 avril, sortie le 9 juillet. 150
BARBIER Pauline, entrée le 16 juin. 150
CHAMPENOIS Marie, entrée le 25 juillet, sortie le 10 septembre 1857 . . 150
CUENOT Jeanne-Claude, entrée le 2 octobre 1857 150
ROUSEY Louise, entrée le 2 octobre, sortie le 26 novembre 1857 150
AUBERT Delphine, entrée le 5 novembre. 150
CARRIÈRE Augustine, sortie le 16 mars 1857 150
TIRET Anne, entrée le 24 septembre 150

STATISTIQUE.

Population inscrite sur les registres de l'Etablissement.

Au 1er janvier 1857, l'Asile renfermait, savoir :

Hommes 166
Femmes . . . . 153 ci. 319

Aliénés entrés en 1857.

Hommes 41
Femmes . . . . 43 ci. 84

Total général. . . . 403

Aliénés sortis en 1857.

Hommes 18
Femmes . . . . 22 ci. 40

Aliénés décédés en 1857.

Hommes 13
Femmes . . . . 16 ci. 29

Au 31 décembre 1857, il restait dans l'Asile, savoir :

Hommes 176
Femmes . . . . 158 ci. 334

Total général. . . . 403

Il existait de plus, à l'Asile, au 1er janvier 1857, en qualité d'infirmiers non-aliénés, savoir :

Hommes 2
Femmes . . . . 6 ci, ... 8

Au 31 décembre 1857, ce nombre était réduit, savoir :

Hommes 1
Femmes . . . . 5 ci. 6

Division des Aliénés par Départements.

Au 1er janvier 1857, le nombre des aliénés provenant de la Haute-Marne était de, savoir :

Hommes 73
Femmes . . . . 78 ci. 151

Le nombre des aliénés de l'Aube était de, savoir :

Hommes 58
Femmes . . . . 48 ci. 106

Le nombre des aliénés de la Seine était de, savoir :

Hommes 33
Femmes . . . . 27 ci. 60

Le nombre des aliénés de la Marne était de, savoir :

Hommes 2
Femmes . . . . » ci. 2

Total général. . . . 319

Au 31 décembre 1857, le nombre des aliénés de la Haute-Marne était de, savoir :

    Hommes 78
    Femmes . . . . 75 ci. 153

Le nombre des aliénés de l'Aube était de, savoir :

    Hommes 60
    Femmes . . . . 45 ci. 105

Le nombre des aliénés du département de la Seine était de :

    Hommes 38
    Femmes . . . . 38 ci. 76

                        Total général. . . . 334

Aliénés entrés en 1857.

Le nombre des aliénés de la Haute-Marne, admis pendant l'année 1857, a été de, savoir :

    Hommes placés volontairement. 7
    Femmes   id. . . . 4 ci. 11
    Hommes placés d'office . . . 13
    Femmes   id. . . . . 11 ci. 24

Le nombre des aliénés du département de l'Aube admis dans l'année 1857 a été de, savoir :

    Hommes placés volontairement. 3
    Femmes   id. . . . 5 ci. 8
    Hommes placés d'office . . . 6
    Femmes   id. . . . . 9 ci. 15

Le nombre des aliénés du département de la Seine, admis dans l'année 1857, a été de, savoir :

    Hommes 12
    Femmes . . . . 14 ci. 26

                        Total général. . . . 84

Aliénés sortis en 1857.

Le nombre des aliénés du département de la Haute-Marne, sortis en 1857, a été de, savoir :

    Hommes placés volontairement. 2
    Femmes   id. . . . 4 ci. 6
    Hommes placés d'office. . . . 8
    Femmes. . . id. . . . . 9 ci 17

Le nombre des aliénés du département de l'Aube, sortis en 1857, a été de, savoir :

    Hommes placés volontairement. 2
    Femmes   id. . . . 3 ci 5
    Hommes placés d'office . . . 2
    Femmes   id. . . . . 6 ci 8

                        A reporter. . . . 36

Report. . . . 36,

Le nombre des aliénés de la Seine, sortis dans l'année 1857, a été de, savoir :

Hommes	2	
Femmes	» ci.	2

Le nombre des aliénés du département de la Marne, sortis en 1857, a été de savoir :

Hommes placés volontairement.	2	
Femmes	» ci.	2

Total général. . . . 40

Aliénés décédés en 1857.

Le nombre des aliénés du département de la Haute-Marne, décédés en 1857, a été de, savoir :

Hommes placés volontairement.	»	
Femmes id. . . .	4 ci.	4
Hommes placés d'office . . .	5	
Femmes . . . id. . . .	4 ci.	9

Le nombre des aliénés du département de l'Aube, décédés dans l'année 1857, a été de, savoir :

Hommes placés volontairement.	1	
Femmes	2 ci.	3
Hommes placés d'office . . .	2	
Femmes . . . id. . . .	6 ci.	8

Le nombre des aliénés du département de la Seine, décédés en 1857, a été de, savoir :

Hommes.	5	
Femmes	3 ci.	8

Total général. . . . 29

Causes des Sorties.

Hommes.		Femmes.	
Guéris	11	Guéries.	15
Améliorés	4	Améliorées.	5
Non guéris, mais renvoyés dans leur famille ou dans d'autres établissem[ts]	3	Non guéries mais renvoyées dans leur famille ou dans d'autres établissem[ts]	2
Total.	18	Total.	22

Le nombre des hommes aliénés, guéris en 1857, appartenant au département de la Haute-Marne, a été de. 7

Retirés par les familles ou placés dans d'autres établissements (non guéris). . 3

Guéris, appartenant au département de l'Aube. 3

Retiré par les familles ou placé dans d'autres établissements (non guéri). . 1

Guéris, appartenant au département de la Marne 2

Guéris, appartenant au département de la Seine 2

Total. 18

Le nombre des femmes aliénées, guéries en 1857, appartenant au département de la Haute-Marne, a été de. 8
Retirées par les familles ou placées dans d'autres établissements. 5
Guéries appartenant au département de l'Aube. 5
Retirées pour rentrer dans leurs familles (non guéries). 4
Aliénées du département de la Seine. . . . . »

Total. 22

Aliénés sortis en 1857.

AGE ET GENRE D'ALIÉNATION.

Age.	*Hommes.*	*Age.*	*Femmes.*
58	Lypémanie (mélancolie).	46	Lypémanie.
35	id.	37	id.
44	id.	36	id.
22	id.	45	id.
27	id.	48	id.
47	id.	27	Manie continue.
22	Manie continue.	50	id.
44	id.	22	id.
41	id.	38	id.
52	id.	47	id.
26	id.	17	id.
12	Manie intermittente.	33	id.
69	Démence.	53	id.
69	id.	27	id.
22	Idiotie congéniale.	18	id.
37	id.	22	id.
19	Idiotie acquise (imbécillité).	45	id.
20	Idiotie congéniale.	49	Monomanie.
		35	Manie intermittente.
		56	Démence.
		63	id.
		56	id.
Total...... 18		Total...... 22	

Aliénés décédés en 1857.

Hommes.

AGE.	CAUSES DE MORT.	GENRE D'ALIÉNATION.
56	Double hydrothorax.	Démence et épilepsie.
57	Paralysie générale.	Démence paralytique.
29	id.	id.
50	id.	id.
37	id.	id.
18	id.	id.
57	Apoplexie et paralysie.	id.
55	Apoplexie cérébrale.	Démence.
40	id.	id.
55	Phthisie pulmonaire.	Idiotie acquise (imbécillité).
54	id.	Démence.
31	Convulsions épileptiques.	Idiotie congéniale.
71	Vieillesse.	Démence sénile.

Total...... 13.

Femmes.

AGE.	CAUSES DE MORT.	GENRE D'ALIÉNATION.
65	Paralysie générale.	Démence paralytique.
41	id.	id.
46	id.	Idiotie congéniale.
22	Convulsions épileptiques.	id.
61	Anévrisme du cœur.	Manie intermittente.
37	Phthisie pulmonaire.	Démence.
45	Entérite chronique.	id.
44	Abstinence d'aliments.	Lypémanie.
41	Cancer de la vésicule du fiel.	id.
48	Entérite chronique.	Démence, idées ambitieuses.
50	Diarrhée pellagreuse.	Démence.
45	Entérite chronique.	Idiotie acquise.
65	Vieillesse et anciennes infirmités.	Démence sénile.
75	id.	id.
67	Vieillesse.	Démence et épilepsie.
64	id.	Démence sénile.

Total...... 16.

Proportion des Sorties et des Décès, dans le courant de l'année 1857,
calculée sur la population des Aliénés.

Le nombre des aliénés traités à l'Asile en 1857 ayant été de 403,

Le nombre des sortis étant de 40,

La proportion est de 1 sur 10 $^{07}/_{100}$ pour cent.

Sur le même nombre de 403 aliénés,

    les décès ayant été de 29,

    la proportion est de 1 sur 13 $^{89}/_{100}$

Evasions.

Le nombre des aliénés qui se sont évadés en 1857 a été de 2.

Rechûtes.

Le nombre des rechûtes en 1857 a été de 4 hommes seulement, tous appartenant au département de la Haute-Marne.

Durée du Traitement des aliénés guéris.

	Hommes.	Femmes.
De un mois à deux mois.	2	1
De deux à trois mois.	2	3
De trois à quatre mois.	1	2
De quatre à six mois.	2	4
De neuf à douze mois.	1	0
De un an à deux ans.	1	1
De deux ans à cinq ans.	1	3
De cinq ans et au-dessus.	1	1
Total.	11	15

REVUE MÉDICALE.

Maladies qui ont régné à l'Asile, pendant 1857.

Les maladies incidentes observées à l'Asile, dans l'année 1857, ont été les suivantes :

Les fièvres quotidiennes tierces ont été fort rares ; elles ont cédé promptement aux évacuants et à de faibles doses de sulfate de quinine. Quelques fièvres typhoïdes se sont montrées; elles se sont terminées par la guérison.

Les folies avec paralysie générale sont, à l'Asile de Saint-Dizier, d'une fréquence trop remarquable, pour ne pas en faire mention. Six hommes et deux femmes ont succombé à cette incurable affection.

Pendant l'hiver, les catarrhes pulmonaires, les fluxions de poitrine ont été remarqués en assez grand nombre.

Les entérites diarrhréiques si communes et si souvent mortelles chez les aliénés ont été aussi très-souvent observées. Quelques cas de dyssenterie se sont manifestés pendant l'été. La tisanne de riz, la décoction blanche de Sydenham, le sous nitrate de Bismuth, les préparations d'opium, tant en lavemens qu'à l'intérieur, èt surtout un régime sévère, ont combattu victorieusement cette grave maladie.

Dès le mois de décembre, la grippe, qui dans l'hiver de 1858 est devenue en France une épidémie générale , a commencé à faire ressentir son influence parmi nos aliénés ; elle est venue compliquer , quelquefois immortellement, les affections chroniques existant déjà chez nos malades.

La mort a frappé principalement les aliénés gâteux ; les infirmes , ceux surtout affectés de démence paralytique ; puis quelques vieillards et plusieurs phthisiques.

Les départements où les décès ont été les plus nombreux sont les suivants :

1° L'Aube, où le chiffre des décès s'est élevé à 11 , trois hommes et huit femmes.

La Haute-Marne, où les décès ont été de 10, cinq hommes et cinq femmes.

Nous n'avons perdu que huit aliénés appartenant au département de la Seine , savoir :

5 hommes et 3 femmes.

Le Total des décès a été de 29 individus , savoir :

Hommes 13)
Femmes 16) 29

Dans l'année 1857 , le nombre des journées d'Infirmerie a été , en moyenne de, savoir :

Pour les hommes,   2,555)
Pour les femmes ,   4,015) 6,570.

Je ne terminerai pas cette Revue médicale, sans signaler l'effet remarquable de l'iodure de potassium à petite dose dans le traitement des goîtres, affection assez commune dans l'arrondissement de Vassy et parmi nos aliénés des deux sexes.

Trois hommes et deux femmes portant d'énormes tumeurs goîtreuses ont été guéris après quatre à cinq mois de traitement, en prenant chaque jour, soit à leur repas, soit dans l'intervalle, un litre d'eau contenant en dissolution seulement 10 centigrammes d'iodure de potassium. Chez l'un de nos malades, la tumeur était tellement volumineuse, qu'il y avait menace de suffocation. M. l'Inspecteur général Ferrus et M. Constant , Inspecteur adjoint, qui au mois d'août dernier sont venus inspecter l'Asile de Saint-Dizier, ont pu constater la guérison de ces goîtreux, dont la santé n'a été nullement altérée pendant la durée du traitement.

Emploi du temps chez les aliénés.

Occuper sans cesse l'attention d'un aliéné, partager le temps de la journée entre le travail soit manuel, soit intellectuel, et quelques moments de repos sous forme de récréation, ne pas lui laisser le loisir de se livrer à ses idées fausses et délirantes, mais chercher au contraire à les fixer sur des réalités ; telle est la base de tout traitement bien entendu.

Les occupations des aliénés consistent :

1° *Pour les hommes* : Dans la participation aux soins du ménage, ainsi ils sont chargés sous la surveillance de leurs gardiens de faire leurs lits, d'entretenir la propreté de leurs dortoirs ;

2° Dans la participation aux travaux des services généraux, savoir : la culture des champs, de la vigne, du jardin, etc.

Les aliénés sont, en outre, employés dans les ateliers de la menuiserie, de la serrurerie, de la cordonnerie ; nous sommes dans l'intention d'avoir un atelier de tisserand, un autre de fabrique et de blanchissage de chapeaux de paille.

L'hiver, les hommes s'occupent encore à faire paillassons, des paniers, etc.

Les femmes sont employées aux travaux de la couture, de la lingerie, du blanchissage, etc., aux soins du ménage ; elles aident les religieuses et les gardiennes dans les fonctions dont elles sont chargées.

Voici l'ordre dans lequel les aliénés emploient leur journée :

Les malades se lèvent à cinq heures en été, et à six heures en hiver, une demi-heure environ est consacrée à leur toilette et aux soins de propreté de leur personne, ensuite, ils vont à la chapelle pour y entendre la prière en commun. A six heures et demie, les aliénés font leur premier repas qui ne consiste en général que dans la soupe ; pour quelques-uns, elle est remplacée par du fromage ou des fruits.

Le travail commence à sept heures ; à huit heures en été, et à neuf heures en hiver a lieu la visite médicale ; elle se fait pendant la belle saison dans les préaux ou les galeries, en hiver, elle se fait dans les chauffoirs. Les malades pendant la visite se tiennent en rang et debout, les hommes ont la tête découverte.

Le silence pendant la visite est obligatoire, le médecin en profite pour donner des conseils à tous ceux qui en ont besoin, il prescrit les remèdes nécessaires, encourage les malades, les invite à rester calmes, promet ou accorde quelques légères récompenses à ceux qui les ont méritées ; il menace ou donne des punitions, quelquefois séance tenante.

Après la visite, les malades se rendent au travail, les uns aux champs, les autres dans les différents ateliers de l'établissement.

A onze heures le diner; après, récréation d'une heure environ , puis reprise du travail jusqu'à quatre heures et demie, heure du souper. Après ce repas, nouvelle récréation d'une heure, ensuite, les malades retournent au travail jusqu'à huit heures.

Le coucher, précédé de la prière, a lieu à huit heures et demie en été, et à huit heures dans la saison d'hiver.

Avant et après chaque repas, les prières d'usage sont faites, soit par un[aliéné, soit par un gardien.

Tous les jeudis, un professeur de la ville vient donner des leçons de musique sacrée, à certain nombre d'aliénés des deux sexes.

Les dimanches et fêtes, les malades assistent à une Grand'Messe en musique, et aux vêpres. Après les vêpres si le temps le permet, ils vont à la promenade en dehors de l'Asile accompagnés, les hommes, par le surveillant chef et des gardiens, les femmes par les religieuses et des gardiennes.

Dans l'intérieur, lorsque les aliénés ne peuvent sortir, des jeux de cartes, de domino, de loto, etc., sont pour eux, des sujets de distraction; il leur est expressément défendu, de jouer de l'argent.

Le tambour pour les hommes, la cloche pour les femmes, servent à annoncer l'heure des différents exercices des aliénés, tels que le lever, le coucher, les repas, etc. Les hommes vont à la promenade accompagnés du tambour.

Lorsque des aliénés arrivent à l'Asile, nous les interrogeons pour connaître la forme de leur délire maniaque, et lorsqu'ils peuvent nous comprendre, qu'ils demandent la cause de leur séquestration, nous leurs donnons lecture du certificat du médecin, qui constate leur état mental , et aux aliénés placés d'office, nous leur lisons en outre, l'arrêté du Préfet, qui ordonne leur placement. Beaucoup d'aliénés se recrient sur l'injustice de la mesure prise à leur égard et se prétendent très-raisonnables, nous les invitons alors à nous prouver par leur docilité et leur bonne conduite, que les faits qui leur sont imputés , sont au moins exagérés, les assurant qu'en suivant nos conseils, ils recouvreront bientôt leur liberté. Cette déclaration, franche de notre part, a eu d'heureux résultats. Si au contraire, ce qui arrive le plus souvent, ils donnent des signes évidents d'aliénation, nous leur disons, qu'ayant acquis la preuve de la lésion de leur intelligence, il faut absolument qu'ils se soumettent au traitement qui leur sera prescrit. A la sortie des aliénés par cause de guérison, nous leur donnons, en présence de tous les malades réunis, lecture de l'arrêté du Préfet, qui ordonne leur mise en liberté; c'est une occasion que nous saisissons, pour encourager ceux qui restent, à être dociles à nos avis, afin de mériter à leur tour, la rentrée dans leur famille. Les sortans reçoivent aussi des conseils sur la conduite qu'ils ont à tenir dans le monde, pour éviter une rechûte.

Considérant les aliénés comme de grands enfants, nous commençons par les entourer de soins affectueux, par leur donner de sages avis; après un certain laps de temps, si ces préliminaires du traitement ne réussissent pas, nous leur adressons des paroles sévères, puis nous en venons aux moyens de répression pour les dompter en quelque sorte, et les soumettre à une obéissance passive. Ce résultat obtenu, nous revenons au traitement par la douceur, et nous leur faisons sentir par le raisonnement, combien il est avantageux pour eux d'être tranquilles, de se livrer au travail; que ce n'est qu'en agissant ainsi qu'ils pourront guérir.

En alliant la douceur et la fermeté dans le traitement de l'aliénation mentale, en ne laissant pas les aliénés s'affaisser moralement dans l'oisiveté, en sachant varier leurs occupations de manière à ne pas leur donner le loisir de se complaire dans leur idées délirantes, nous obtenons des guérisons, et lorsque le succès ne répond pas à nos efforts, le plus souvent, les malades deviennent, si non raisonnables, du moins tranquilles et inoffensifs.

Quant au traitement de l'aliénation par les médicaments internes, il en existe malheureusement très-peu, dont l'efficacité a été bien démontrée; cependant, nous n'en avons pas négligé l'emploi, lorsque nous l'avons jugé nécessaire, et ils ont été parfois fructueusement les auxiliaires du traitement moral.

Ayant remarqué que des plaies graves survenues chez les aliénés et persistant pendant longtemps, avaient non-seulement modifié leur délire, mais encore avaient été suivies d'une guérison complète, nous avons, par imitation, cherché à faire naître des affections de ce genre, et nous avons, dans ce but, eu recours à l'application du feu, des sétons, etc. ; le succès a quelquefois répondu à nos prévisions.

Il est aussi arrivé que des aliénés ont été guéris de leur folie par suite de maladies intercurrentes très intenses, la fièvre thyphoïde, par exemple; c'est ainsi, que cette redoutable affection occasionne souvent l'aliénation, et peut, dans quelques cas, la guérir.

En vous donnant, Monsieur le Préfet, ces détails sur l'emploi du temps chez nos aliénés et sur notre méthode de traitement des maladies mentales, c'est vous initier en quelque façon à notre œuvre.

Je joins à mon Compte médical deux tableaux statistiques :

1er Tableau, il renferme :

1° Les genres d'aliénation en général ;
2° Les aliénés sortis, leur âge et le genre de leur amélioration ;
3° Les décès, leurs causes et l'âge des décédés ;
4° Une récapitulation ;
5° La population d'aliénés en 1857 ;
6° La complication dans les genres d'aliénation;
7° Le mouvement dans le personnel des aliénés pendant l'année 1857.

Le Second Tableau renferme :

1° Le nombre et les genres d'aliénation classés par département et arrondissement ;
2° La définition des genres d'aliénation.

Toujours convaincu que le travail est le plus grand et le plus rationnel moyen de traitement de l'aliénation mentale, je laisse, le moins possible, mes aliénés dans l'oisiveté, je varie leurs occupations autant que nos ressources me le permettent.

Je suis heureux, Monsieur le Préfet, de n'avoir à vous donner que de bons renseignements sur l'Asile dont la direction m'est confiée ; il est en voie de prospérité: l'exposé de notre situation morale et financière en est la preuve. Je continuerai à faire mes efforts pour le maintenir dans cet état florissant, et l'augmenter encore s'il est possible.

Si j'ai fait quelque bien, quelque amélioration dans l'Établissement d'aliénés de Saint-Dizier, j'en reporte l'honneur au loyal et amical concours des Membres de la Commission de surveillance, au zèle des fonctionnaires et des employés sous mes ordres. Je leur adresse à tous de sincères remercîments.

Je ne puis trop aussi, Monsieur le Préfet, vous témoigner ma reconnaissance. Je garderai toujours le souvenir de votre bienveillance à mon égard. Veuillez me la continuer.

Agréez, Monsieur le Préfet,
l'hommage de mon respect.

A. G. du GRANDLAUNAY.

L'AN mil huit cent cinquante-huit, le deux Juillet, la Commission de Surveillance de l'Asile public d'aliénés de Saint-Dizier, réunie en séance ordinaire; ouï le Compte Moral, Administratif et Médical qui précède, présenté par M. le Directeur-Médecin, pour 1857, à l'unanimité y donne un avis d'approbation.   Et ont signé :

MAHUET aîné, GAYOT, SIMONET, VIDRINE et PAYART.

Tableau N° 1. — Tableau N° 2.

Tableau N° 1

(Top table — genres d'aliénation, Hommes / Femmes, handwritten)

Lypémanie (Mélancolie)				Monomanie				Manie continue				Manie indéterminée		Démence		Idiotie				Total	
Hommes		Femmes		Hommes		Femmes		Hommes		Femmes		Hommes	Femmes	Hommes	Femmes	Hommes		Femmes		Hommes	Femmes
Aiguë	Chronique	Aiguë	Chronique	Aiguë	Chronique	Aiguë	Chronique	Aiguë	Chronique	Aiguë	Chronique			Congé malade	Acquis ou interd. libre	Congé malade	Acquis ou interd. libre			204	199
1	8	19	19	2	2	3	1	9	34	12	36	4	4	84	92	20	30	12	19	403	

Récapitulation

Lypémanie	Aiguë	24
Lypémanie	Chronique	13
Monomanie	Aiguë	7
Monomanie	Chronique	5
Manie continue	Aiguë	51
Manie continue	Chronique	74
Manie intermittente		8
Démence		166
Autre	Congénitale	34
Autre	Acquise	19
Total		**403**

Population

Au 1er Janvier 1857 le nombre des aliénés était de 319. Savoir:
Hommes placés d'office … 138
Femmes … idem … 147
Hommes placés volontairement … 8
Femmes … idem … 6
Total … 819 [illegible]

Restant au 31 Décembre. Savoir:
Hommes placés d'office … 164
Femmes … idem … 149
Hommes placés volontairement … 12
Femmes … idem … 9
… 334
Différence – non aliénés: Hommes 1 / Femmes 5
Total … 320

Aliénés Sortis.
depuis le 1er Janvier 1857 jusqu'au 31 Décembre

age	Hommes — genre d'aliénation	age	Femmes — genre d'aliénation
58	Lypémanie (mélancolie)	46	Lypémanie
35	Lypémanie	37	idem
42	idem	36	idem
22	idem	49	idem
27	idem	48	idem
47	idem	27	Manie continue
22	Manie continue	54	idem
24	idem	28	idem
41	idem	38	idem
38	idem	47	idem
26	idem	17	idem
18	Manie intermittente	33	idem
63	Démence	53	idem
65	idem	27	idem
22	Idiotie congénitale	43	idem
37	idem	44	idem
49	Idiotie acquise (Imbécillité)	13	idem
20	Idiotie congénitale	43	Monomanie
		35	Manie intermittente
		36	Démence
		63	idem
		36	idem

Causes de Mort.
Aliénés décédés depuis le 1er Janvier jusqu'au 31 Décembre

age	Hommes	age	Femmes
58	Double hydrothorax	47	Paralysie générale
57	Paralysie générale	54	idem
39	idem	80	idem
30	idem	20	Convulsions épileptiques
57	idem	61	Anévrisme du cœur
18	idem	56	Phthisie pulmonaire
57	idem	43	Entérite chronique
55	Apoplexie	46	Marasme suite imbécillité
40	idem	31	Cancer de la cavité du foie
51	Entérite chronique	71	Entérite chronique
92	Phthisie pulmonaire	80	Diarrhée colliquative
94	idem	46	Entérite chronique
51	Épilepsie	47	Vieillesse
		25	Vieillesse
		60	Vieillesse et infirmités
		75	Vieillesse et infirmités

Complication
dans les genres d'aliénation indiqués (N° 1) dans ce tableau.

Épileptiques	Hommes	22
	Femmes	18
Monomanes avec accès de fureur ou d'agitation	Hommes	10
	Femmes	5
… avec idées de grandeur ou de richesse	Hommes	16
	Femmes	…
… avec hallucinations ou illusions sensoriales	Hommes	…
	Femmes	…
… avec religion mal entendue	Hommes	…
	Femmes	…
… avec idées ou instincts homicides ou suicides	Hommes	…
	Femmes	…
Démence paralytique	Hommes	…
	Femmes	…
Érotisme	Hommes	…
	Femmes	…
Penchants indéterminés	Hommes	…
	Femmes	32
Hommes	204	
Femmes	199	403

Mouvement dans le Personnel des Aliénés pendant l'année 1857

Mois	Entrés Hommes	Entrés Femmes	Sortis Hommes	Sortis Femmes	Décédés Hommes	Décédés Femmes
Janvier	3	3	3	1	1	1
Février	3	3	2	1	1	1
Mars	3	4	4	1	1	1
Avril	3	4	1	1	1	1
Mai	3	4	4	3	1	4
Juin	3	14	2	4	1	1
Juillet	4	4	1	1	1	1
Août	15		1	1	1	2
Septembre	5	4	1	2	1	2
Octobre	4	4	1	1	1	1
Novembre	1		1	1	1	1
Décembre	2	1	1	2	1	1
Total 403	41	15	17	24	13	16

Tableau N° 2

Nombre en genre d'Aliénation depuis le 1er Janvier 1857 jusqu'au 31 Décembre.

Département / Arrondissement d'où provenaient les aliénés	Lypémanie H	Lypémanie F	Monomanie H	Monomanie F	Manie continue H	Manie continue F	Manie indéterminée H	Manie indéterminée F	Démence H	Démence F	Idiotie H	Idiotie F	Total H	Total F	Totaux
Hte Marne — Chaumont	3	4	.	2	6	6	1	1	19	10	7	7	32	30	62
Hte Marne — Langres	4	4	1	.	7	10	.	.	12	11	11	6	35	31	66
Hte Marne — Wassy	.	1	.	2	3	3	.	1	7	14	11	7	30	32	62
Aube — Arcis-sur-Aube	.	.	2	.	1	.	.	.	2	1	1	.	6	1	7
Aube — Bar-sur-Aube	.	1	.	1	2	3	.	.	.	.	3	2	5	7	12
Aube — Bar-sur-Seine	.	.	.	.	5	2	.	1	10	1	4	1	19	5	24
Aube — Nogent-sur-Seine	.	.	.	.	.	.	.	1	2	3	2	.	4	4	8
Aube — Troyes	3	6	.	.	4	13	.	.	13	18	7	6	31	43	72
Marne — Vitry-le-François	1	.	.	.	.	.	1	.	.	.	.	.	2	.	2
Seine — Paris	6	6	1	1	6	9	2	.	23	24	4	2	44	42	86
Total	19	23	4	6	33	48	4	4	82	82	30	31	204	199	403

Définition dans les genres d'Aliénation.

1° Lypémanie ou Mélancolie — Délire maniaque avec prédominance d'idées tristes
2° Monomanie — Délire borné à un seul ou à un petit nombre d'objets, raisonnement sur tout autre objet.
3° Manie — Délire sur toutes sortes d'objets, avec tendance à l'agitation, à l'excitation des facultés intellectuelles et à la fureur. elle peut être continue, intermittente, ou rémittente
4° Démence — Abolition de la pensée par suite de l'affaiblissement du cerveau et de ses fonctions.
5° Idiotie — Divisée en congénitale occasionnée le plus ordinairement par un vice de conformation provenant de la tête ou son résultat; défaut de développement des facultés intellectuelles.
Idiotie acquise ou Imbécillité — Oblitération de la pensée, survenue lorsque l'enfant avait déjà acquis quelques connaissances.
Nota. Toutes ces manies peuvent plus ou moins s'augmenter des complications exprimées dans le tableau.

Le Directeur Médecin
[signature]

www.ingramcontent.com/pod-product-compliance
Lightning Source LLC
Chambersburg PA
CBHW061750060726
47597CB00007B/2854